एहसास

अनकहे अनसुने

शिखा अग्रवाल

BookLeaf Publishing

India | USA | UK

Made with ❤ on the BookLeaf Publishing Platform
www.bookleafpub.in
www.bookleafpub.com

Dedication

यह कविता संग्रह मेरे स्वर्गीय पति श्री अमित अग्रवाल को समर्पित है,

जिन्होंने हमेशा मुझे प्रोत्साहित किया
अपनी कविताएं प्रकाशित करने के लिए.
उन्होंने बड़े उत्साह के साथ मेरी हर कविता सुनी
और उसमें जो भी मुझे बदलाव करना था
उसका सुझाव दिया.

Preface

हर एक कविता मेरे अनुभवों का मोती है.
जिसको मैंने अपने पाठकों के लिए एक
एहसासों की माला में पिरोया है.
आशा है मेरे यह शब्द आपके दिल में
एक जगह बना लेंगे.
आप सब की आभारी आपकी लेखिका.

Acknowledgements

मैं उन सबका हृदय से आभार व्यक्त करती हूं, जिन्होंने मुझे यह पुस्तक को आप पाठकों तक लाने के लिए उत्साहित किया और मेरा मार्गदर्शन किया.

मैं अपने प्रकाशकों की भी हृदय से आभारी हूं, जिन्होंने इस पुस्तक को प्रकाशित किया है और मुझे एक माध्यम दिया है अपनी रचना को आपतक पहुँचाने का.

प्यार भरा शुक्रिया मेरे पाठकों को जिन्होंने मेरी कविताओं की यह पुस्तिका खरीदी और पढ़ी.

तहे दिल से आप सब का धन्यवाद .

1. पथिक

पथिक हूं मैं स्वयं मन का
अपेक्षाओं और अपेक्षाओं से भरी डगर का
है कभी पथ मेरा यह पथरीला
है कभी मेरी राहें सुगम
धुंध में ओझल कभी मंजिल मेरी
कभी स्पष्ट है बिल्कुल आईने सी
कभी इधर-उधर फिरू मैं बैरागी
कभी रह सीधी चलता हूं मैं

पथिक हूं मैं स्वयं मन का
अपेक्षाओं और अपेक्षाओं से भरी डगर का
कभी उद्वेलित और चंचल है मेरा मन
कभी मेरा चित एकाग्र और शांत है
कभी तवशेष मैं मेरे है उथलापन
कभी ख्यालों में मेरे सागर सा नशेब है

पथिक हूं मैं स्वयं मन का
अपेक्षाओं और अपेक्षाओं से भरी डगर का

2. निद्रा

मीठी सी एक नींद लगी थी, निद्रा से अब जाग गयी हूँ
आँखें खोल देखा जो मंज़र रूह मेरी कांप गयी
पड़े थे सपने मृत मेरे, लहू लुहान थी मेरी ख्वाहिशें
अपने थे बहुत दूर खड़े, फ़ासले जैसे हो कोई समंदर
डर से बंद कर ली आँखें पर अब मीठी नींद कहाँ
अब तो ज़ेहन मैं नाच रहा देखा था जो भयावह मंज़र
कुछ यादों के शोर में ,कुछ ख़ामोशी की धुंध में
गठरी खुली है पल पल की दिल की गहरारियों में
अब होठों पे ख़ामोशी है हो गया है सब बेमानी
बस एक दर्द है,है एक वीरान सूनापन
बेआबरू है ज़िंदगी कुछ खोयी और बहकी सी
निद्रा से अब जाग गयी हूँ मीठी सी एक नींद को तरसते

3. स्त्री हूँ

स्त्री हूँ स्त्री ही रहना चाहती हूँ
पुरुष बनने की कोई चाह नहीं

इक कोमल स्पर्श और निर्मल मन हूँ
कठोर और दोषयुक्त बनने की कोइ चाह नहीं
पुरुष की वामांगी हूँ
अग्रगामी बनने की कोई चाह नहीं
अपने रंगों से भरी एक चादर हूँ
पर छुपने की कोई चाह नही
मधुर स्वर से भरी एक कहानी हूँ
अनसुनीअनकही रह जाने की कोई चाह नही
सूरज की किरणों से परिपूर्ण एक परिंदा हूँ
कागज़ के नक्शों पर चलने की कोई चाह नहीं
समन्वय से भरा मन है मेरा
कठिन पत्थरों से टकराने की कोई चाह नहीं

स्त्री हूँ स्त्री ही रहना चाहती हूँ
पुरुष बनने की कोई चाह नहीं

4. ज़माना गुज़र गया

ज़माना गुज़र गया खुद से मिले हुए
राह में कहीं अपनी पहचान खोये हुए
सवारती रही अपनों को कर लम्हा हर पल
वक़्त गुज़र गया खुद को सवारे हुए
भूली नहीं मैं अपने कर्त्तव्य
ना ही अपने अंदर के स्नेह और समर्पण को
पर राहों पर चलदी हूँ नयी
खुद को खोजने और खुद सवरने
अब चाहत भी है,जूनून भी है
नयी सोच नयी धुन है
सितारों से मिलने की तमन्ना है
आसमान को चुने की आशा है
उड़ना चाहती हूँ अब बस मैं
देना चाहती हूँ पंख अपने ख्वाबों को
कोई गम नहीं कोई शिकवा नहीं
बस ज़माना गुज़र गया खुद से खुद को मिले हुए

5. तमीज

होती थी लहज़ों में तमीज कभी
अब तो लफ्ज़ ही बतमीज़ हो गए हैं
होती थी आँखों की शर्म कभी
अब तो मन ही बेशरम हो गए है
होती थी इंसानियत विचारों में कभी
अब तोह इंसान ही व्यभिचार हो गए हैं
होतीं थी अंदाज़ में मिठास कभी
अब तो मिठास ही बेअंदाज़ हो गयी है
होती थी मोहब्बत आजिंदगी कभी
अब तो मोहब्बत ही बेचैन हो गयी है
होती थी दुआओं में तस्सली कभी
अब तो दुआओं में भी खुशबू खत्म हो गयी है
होती थी दिल की गहराईयों से दोस्ती कभी
अब तो गहराईयां भी उथली हो गयी है

6. बचपन का इश्क़

स्मृति पटल पर एक नाम लिखा था
कुछ भुला सा कुछ बिसरा सा
एक अनछुआ सा स्पर्श था
एक अनकही थी मोहब्बत
कितना तो भोलापन था
उतनी ही थी सादगी
न मुझे पाने की कोई चाह थी
न ही उसकी कोई थी आरज़ू
हर पल में थी शोखियाँ
फ़िज़ाएं थी महकी हुई
नदी का कोई गीत था
बादलों की थी लुका छुपी
बचपन का वह इश्क़ था
निर्मल मन का प्यार
स्मृति पटल पर एक नाम लिखा था
कुछ भुला सा कुछ बिसरा सा

7. मंजिले

ता उम्र चले हम
मंजिलों की तलाश में
उलझ गए उलझनों में
बेड़ियों में जकड़ गए
आरजू बेमोल हो गई
दफन ख्वाहिशें हो गई
रास्ते भटक गए
कोहरों में हो गए गुम
टूट गए ख्वाब सारे
सितारे डूब गए
अब खुद से ही जुदा है हम
सन्नाटों से लिपटे ख्वाब हैं हम
कैसे करें साथ उन राहों का
जिन्हें छोड़ चुके हैं हम
अपनी खुद की परछाइयों से
अब छुप चुके हैं हम
अब वो मंजिले ही बदल गई
ता उम्र चले हम
जिन मंजिलों की तलाश में.

8. पहली मुलाकात

वह पहली मुलाकात थी
थे तसव्वुर की तस्वीर तुम
ग़ज़ल के तुम साये थे
किस्मत की किताब में तुम्हें हम शायद
पहले से ही लिख पाए थे

वह पहली मुलाकात थी
हवाओं में कुछ अदाएं थी
दिलों में अंजानी सौगातें थीं
मुस्कान छोटी थी मगर
लबों पर इतराई थी

वह पहली मुलाकात थी
हर लफ्ज़ में नई कहानी थी
हर पल में छुप्पी याद थी
आँखों की गहराइयों के एहसास
और खुशनुमा लम्हो की रात थी
वह पहली मुलाकात थी

9. मा

मा मैं भी अब मा बन गई
तेरी थी प्रतिबिंब मैं
अब किसी का आईना बन गई
तेरी गोद में थी सब मेरी अठखेलियां
अब नन्ही अठखेलियों कि मैं गोद बन गई
तेरी थी परछाई मैं
अब मेरी नन्ही सी परछाई बन गई
हट और शरारतें थी तुझसे मेरी
अब हर हट पूरी करने वाली बन गई
मा मैं भी अब मा बन गई

मा मैं भी अब मा बन गई
तूने प्रेम का एक पैगाम दिया था
अब उस पैगाम की एक कहानी बन गई
तेरा प्यार था मेरी सांसों में
अब उस प्यार की नदिया बन गई
तुझसे सुनी थी कहानीयां अनेक
अब उन कहानियों की मैं किताब बन गई
मा मैं भी अब मा बन गई

10. एहसास

वक़्त की धुंध में
वह शाम ज़ेहन ने भुला दी
पर दिल का हर एहसास
आज भी याद है मुझे
पल कहीं बिखर कर
कल की धूल में खो गए
पर गालों पर तेरे लबों का
वह एहसास आज भी याद है मुझे
लम्हे सिमट कर रह गए
तेरा मुस्कुराना और तेरी शरारतें
आज भी याद है मुझे
खामोशियों में भी कभी
वह लम्हा लौट आता है
भले ही बीत गया हो सब
पर गले में तेरी बाहों का
वह एहसास आज भी याद है मुझे

11. काला चोर

कौन यह काला चोर है
यह कैसा शोर है
करुण रुदन मातम में लिप्त चहुँ ओर है
अनकही पीड़ा
अपनों से दूर होने का डर चहुँ ओर है
इन वीरान बागों में
मनमस्त घूम रहा
कौन यह काला चोर है
भीगी पलकें रूंधते गले
खाली बाँहों का मंजर चहुँ ओर है
सूनी मांगे खाली गोद
कफन में लिप्त अपनों का गम चहुँ ओर है
इन लाशों पर कर रहा था तांडव
कौन यह काला चोर है

12. हिम शिखर

शीर्ष चूम रहे हैं नभ को ऐसे
शुन्य में विलीन होने को आतुर जैसे
नद नाले इठलाते चलते ऐसे
मदमस्त हो इनकी राहें जैसे
धरा ओढ़े हरितम आंचल ऐसे
माँ का स्नेहिल स्पर्श हो जैसे
अन्मय अटल चट्टानों का पटल ऐसे
लड़ रहा हवाओं के रुख से जैसे
कुंज पुष्प खिलते है ऐसे
मरण जीवन का खेल कोई जैसे
बादलों की छिप जाते हैं ऐसे
इनका वजूद ना हो कोई जैसे
सितारों से रोज खेलते हैं ऐसे
खुद से मिलने का पल हो जैसे
हिम की चादर ओढ़ें हैं ऐसे
गहरे राज़ छुपाए हो जैसे
जीवन के हर रंग से भर ऐसे
गढ़ रहे हो कोई इतिहास जैसे

13. सफर

तमनाओ के कारवां फ़ना होते देखे मैंने
दफन होते देखे मोहब्बत के पल मैंने
तार तार होते ऐतबार देखे मैंने
देखा खुदको बिखरकर जुड़ता मैंने
रातों की ख़ामोशी में अपने दिल को रोटा देखा मैंने
भीड़ के दरमियान भी खुद को तनहा देखा मैंने

टूटे खिरचों से राहें बनाते देखा मैंने
गिर कर कई कई बार खुदको उठता देखा मैंने
आईने में अपना ही चेहरा अजनबी सा बदलता देखा मैंने
वक़्त क साथ हर ज़ख्म भरता देखा मैंने
खुद के वजूद को खुद कबूल करता देखा मैंने
खुद से नफरत से मोहब्बत तक का सफर होता देखा मैंने

14. चेतन मन

सुप्त हैं चेतन मन
सुप्त सब वेदनाएं हो गई हैं
खामोश है हर लब
अंतरात्माऐ लुप्त हो गई हैं
हर तरफ है कोतुहल और है कोहराम
झूठ की परछाइयां हो गई हैं
ओढ़े हैवानियत की चादर
मानवता कहीं लुप्त हो गई है
यदि जाग जाए यह चेतन मन
सब वेदनाये जाग उठेगी
हर लैब जब बोल पड़ेंगे
तो अंतरआत्माएं जाग उठेंगी
होगी फिर से सुरक्षित कायनात
स्त्री और बच्चे दोल उठेंगे
सच्च की परछाइयां होने दो लंबी
हैवानियत की चादर छोड़ मानवता जाग उठेगी

15. हम तुम

मिले जो मैं और तुम तो हम हो गए

हर ख्वाहिश एक हो गयी
सारे ख्वाब एक हो गए
दो जिस्म थे हम
पर एक जान हो गए
खो गए जूनून में तुम्हारे इस तरह
पता न लगा मैं और तुम कब हम हो गए

अब बिछड़े हैं मैं और तुम
तो मैं ही हम हो गए
हर ख्वाहिश एक की हो गयी
अब ख्वाब भी एक क हो गए
टूट गए गम में तेरे इस तरह
पता ही न चला कब हम से तुम खो गए

16. अडिग

अडिग रहा मैं पर्वत सा
रफ्तार जैसे तेज हवा
ना कोई मुझको रोक सका
ना कोई मुझको टोक सका
ना कोई मुझको बांध सका
मैं हर अड़चन को लांघ सका

अडिग रहा मैं पर्वत सा
रफ्तार जैसे तेज हवा
कर्म योग करता रहा
धर्म युद्ध लड़ता रहा
तूफानों में मैं चलता रहा
राह अपनी पर मैं डटा रहा

अडिग रहा मैं पर्वत सा
रफ्तार जैसे तेज हवा

17. आदर्श स्त्री

कुछ शब्दों में पिरोई गई
कुछ ख्वाबों से सजाई गई
कुछ मर्यादाओं में ढाली गई
कुछ उम्मीदों पर तौली गई
कुछ रिश्तो के बोझ तले दबती गई
कुछ फ़र्ज़ों में मिटती रही
हर दर्द को मुस्कान से ढकती रही
हर मोड़ पर खुद को परखती रही
वह आदर्श स्त्री हूं मै

खामोशियां अब टूटने लगी है
बेड़ियाँ अब छूटने लगी है
सपनों ने फिर पंख पा लिए हैं
हौसलों ने आसमान छू लिए हैं
आंधियां अब तूफ़ान हो गए हैं
आडंबरों की चादर से निकल
अब रास्ते नए हो गए हैं
टूट कर जुड़ी तो सोने सी निखर गई है
वही आदर्श स्त्री हूँ मैं

18. भूला बिसरा कोना

धूल भरी उस खिड़की से
उष्म किरणे झांक रही थी
धीमी धीमी आहट करके
सुनहरी यादें लौट रही थी
खामोश खड़ा था वह तंग गलियारा
जहां कभी बचपन का कोलाहल था
सुस्त पड़ा था वह छोटा सा कोना
जहां कभी लुका छुप्पी का खेल खिला था
कदम ठहर से गए वहीं
दिल पर दस्तक थी हल्की सी
कुछ पुराने अधूरे किस्से
यादों में फिर जाग उठे
कुछ आवाज़ें थी जानी सी
वही दुनिया पुरानी सी
मुस्कान थी लबों पर हल्की सी
मुलाक़ात जो होगई थी बचपन से
बड़ा मासूम था वह भूला बिसरा कोना

19. अजनबी

अजनबी ना बन पाओ
तो हमारे बने रहना
हर मुस्कान में हमारी
तुम यूं ही शामिल रहना
वक़्त पर ना आप आओ
तो बे वक्त ही आते रहना
हर बात में हमारी
तुम यूं ही शामिल रहना
रुह में ना बस पाओ
तो आंखों में बसे रहना
जिंदगी में हमारी
तुम यूं ही शामिल रहना
दिल जोड़ ना पाओ
तो टुकड़ों को ही थामें रहना
हर दुआओं में हमारी
तुम यूं ही शामिल रहना
तुम यूं ही शामिल रहना

20. सिपाही

चला यूं ही सारी उम्र में चला
कभी गुमनाम तो कभी अकेला चला
चिर निद्रा में अब मैं लीन हूं
कफ़न भी मुझको तिरंगा मिला
अब तो नाम भी मिला
और साथ करवा भी चला
उम्र भर तो मैं गुमनाम और अकेला ही चला
ना कोई शिकवा था ना कोई अरमान था
बस एक ही सपना मेरा हिंदुस्तान था
कभी चिट्ठियों में दिल का हाल लिखा
कभी खामोशियां ने ही हर हाल लिखा
सीमा की ठंड रातें अंगारों सी लगती थी
मां की याद में पलके भी भीगी थी
मुझे ना कोई गम ना मलाल उसका
क्यूंकि जहां भी चला वतन अपने के लिए चला
चला यूं ही सारी उम्र में चला
कभी गुमनाम तो कभी अकेला चला

21. अनकही बातें

अनकही बातें हैं जो अंतः मन की
कह नहीं पाती हूं उन्हें नित सुबह से ही
उठती है टीस जो कोई इस मन में
गुम हो जाती है रात की चादर में ही
हर सवेरे एक होलाहल एक शोर है
वह बातें रह जाती हैं एक और ही
दुबकी सिकुड़ी एक भूली हुई दास्तान सी
कभी मुस्कानों में छुपी दबी सी
कभी आंखों की पहचान सी
शब्द होठों तक आकर फिर लौट जाते हैं
राज नजरों में ही छुप जाते हैं
कभी हौसलों की लौ धीमी पड़ जाती है
फिर आंखों की नमी सब कह जाती है
पर रह जाती है मन की बातें मन में ही
यह अनकही बातें हैं जो अन्तःमन की

www.ingramcontent.com/pod-product-compliance
Lightning Source LLC
Chambersburg PA
CBHW070655240926
51846CB00003BA/929
9789375439707